DISCOURS PRONONCÉ

LE 2 AOUT 1887

A LA DISTRIBUTION DES PRIX DU LYCÉE HENRI IV

PAR

G. MASPERO

IMPRIMERIE DE LA FACULTÉ DE MÉDECINE

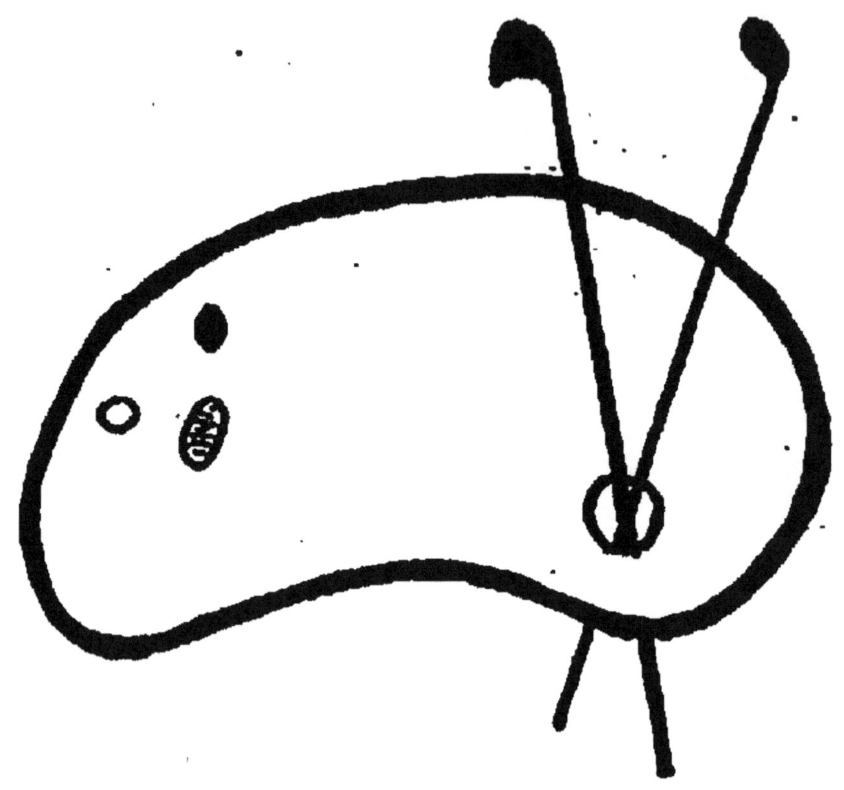
FIN D'UNE SERIE DE DOCUMENTS
EN COULEUR

DISCOURS PRONONCÉ

LE 2 AOUT 1887

A LA DISTRIBUTION DES PRIX DU LYCÉE HENRI IV

PAR

G. MASPERO

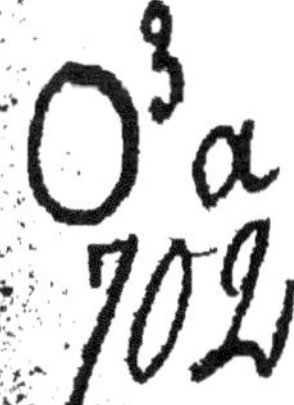

Messieurs,

Vous aviez eu plus d'un prix d'honneur pour les lettres ou pour la philosophie, mais le prix de mathématiques vous manquait encore : vous l'avez conquis cette année. Les félicitations que vous me permettrez de vous adresser à ce sujet sont d'autant plus sincères qu'elles ne viennent pas d'un ancien camarade. Elles ne me sont pas inspirées par cette complaisance que chacun de nous ressent naturelle pour le lycée d'où il est sorti : elles me sont commandées par une admiration très réelle des succès que vous venez de remporter.

J'arrive de loin pour vous rendre ce témoignage. C'est en Égypte, à Boulaq, dans la grande salle du musée d'antiquités, que j'ai assisté pour la dernière fois, l'an passé, à une distribution des prix. Le décor n'en ressemblait guère à celui qui nous entoure aujourd'hui. Un grand Khéphrên en diorite, de mine hautaine, regardait droit par-dessus la tête du président, un scribe en bois et un hippopotame en serpentine, dressé sur ses pattes de derrière, surveillaient d'un air maussade la troupe des élèves en calotte rouge, et des milliers de divinités en miniature souriaient béatement à l'assemblée du haut des vitrines. Nous voilà loin de la montagne Sainte-Geneviève, et pourtant, à mesure que j'évoquais ce souvenir et que j'en comparais l'image au tableau que vous composez devant moi, je songeais qu'après tout ce n'est pas simple jeu de la fortune, si le même homme a pu présider, une année, aux prix de quelques petits fellahs, et, l'année d'après, à ceux d'un millier de Parisiens. M. de Lesseps vous disait ici même, il n'y a pas longtemps, ce que la France a fait pour l'Égypte moderne : elle n'a pas fait moins pour l'Égypte ancienne. Depuis l'expédition de 1799 la tradition en est ininterrompue des Français qui ont consacré leur vie à l'étudier, à restituer son passé, à sauver ce qui peut être sauvé de ses lettres, de ses monuments, de son histoire, et qui sait ? il s'en trouve peut-être parmi vous qu'elle attire et qui songent déjà à continuer l'œuvre. Les vocations scientifiques se déclarent de bonne heure : tel de nos savants, non des moindres, a débuté vers quinze ans, tel autre à vingt, et moi-même, s'il faut tout vous dire, je n'avais pas dix-huit ans accomplis que mes camarades m'avaient déjà condamné sans appel à n'être qu'un Égyptologue. Certes, l'Orient n'offre point tout d'abord à des esprits pénétrés de la sève classique les séductions que leur présentent la

Grèce et l'Italie. Des statues aux poses raides et contraintes, des bas-reliefs sans perspective, un art sombre et sans joie, — une écriture compliquée où des oies, des singes, des serpents, des figures de toute sorte se poursuivent ou s'associent péniblement pour former un sens, — une langue gutturale, sourde, sans flexions et presque sans grammaire, — une littérature d'hymnes ampoulés et de contes à dormir debout, de recettes médicales et de formules magiques, l'Égypte entière est si loin de nous que nous ne pouvons nous introduire chez elle de plain-pied comme nous faisons dans l'antiquité grecque ou romaine. Il nous faut toute une éducation pour arriver à la connaître et à l'aimer. Il faut habituer peu à peu notre œil à voir des formes qui ne sont point nos formes, notre esprit à saisir et à enchaîner des idées qui ne sont pas nos idées. Il faut sortir de nos mœurs, de notre religion, presque de notre âme, pour entrer dans les mœurs, dans la religion, dans l'âme d'une civilisation si vieille qu'elle était déjà morte et oubliée avant que nos pères fussent nés à la vie de l'histoire. Le labeur est ingrat, l'initiation lente et pénible, beaucoup se rebutent et rebroussent avant d'être parvenus à moitié du chemin. Ceux qui persévèrent, les jouissances que l'Égypte leur réserve les dédommagent, et au delà, de leurs épreuves.

Voici, en effet, cent ans bientôt qu'on l'explore et la découverte s'y poursuit, non point rare, pénible, incertaine comme aux pays classiques, mais abondante, facile, assurée. La vallée du Nil est une véritable galerie d'antiquités où les temples, les pyramides, les hypogées, les débris de ville, les forteresses se succèdent à perte de vue. De quelque côté qu'on s'y tourne, l'horizon y est toujours borné par une rangée de tombeaux ou par une ruine. Et chacune de ces pierres a une histoire à raconter, un secret de religion ou de mœurs qu'elle révèle à qui veut bien l'interroger de bonne foi. Je ne suis pas allé une fois au temple d'Amon à Thèbes, que je n'y aie trouvé du nouveau, même après Champollion, même après Lepsius, même après Mariette, un nom de roi qu'on n'avait pas relevé à cette place, un tableau qu'on n'avait point remarqué, une chambre dont l'existence n'était connue de personne, un texte qu'on n'avait jamais vu. Là du moins, tout est à ciel ouvert, et la découverte n'exige qu'un peu d'attention. Ailleurs c'est une véritable chasse, avec ses règles de départ, ses défauts, ses reprises, ses triomphes éclatants, et souvent aussi ses déconvenues. Toute piste n'y est point bonne à suivre et l'on doit examiner longtemps son terrain avant d'y rien entreprendre. Ici, le sol se creuse légèrement et ses contours semblent se résoudre en lignes géométriques comme des murs entrecroisés : est-ce dépression naturelle ou affaissement de terres rapportées sous lesquelles se cachent les fondations d'un édifice ? Plus loin, sur une étendue de quelques cents mètres le sable est mêlé de tessons de poterie, d'éclats de pierres, de grumeaux d'un limon noirâtre, reste des briques effritées au soleil : est-ce une construction antique, ou une fabrique moderne? Les flancs de la montagne laissent apercevoir à mi-hauteur des lits épais de calcaire compact, mais le sable du désert a débordé par-dessus la crête et masqué en partie l'escarpement sous ses talus : les blocs de rochers qu'on aperçoit au pied peuvent provenir d'un éboulis, ou marquer la présence d'une chambre sépulcrale creusée de main d'homme. Mille indices fugitifs sollicitent l'esprit et le tiennent indécis; on choisit pourtant le point d'attaque, plutôt par impulsion d'instinct que par une appréciation raisonnée de tous les éléments du problème. Les ouvriers se mettent à la besogne, peu nombreux au début, car il s'agit d'un sondage préliminaire qu'on abandonnera si la fouille ne s'annonce pas bien, une demi-douzaine d'hommes avec leur courte pioche, une vingtaine d'enfants avec de misérables corbeilles d'où les débris s'échappent à mesure qu'on les emporte. Le trou se creuse, le sable disparaît poignée à poignée, le roc résonne sous la pioche, le roc est à nu, une ouverture carrée se dessine : les indices étaient bons, l'endroit bien choisi, mais le puits est-il vierge où d'autres l'ont-ils ouvert avant nous? Cependant la fouille descend et s'enfonce à deux mètres; à six mètres, les couffins ne manœuvrent plus que hissés péniblement à la cordelle; plus on creuse, plus il semble que le but recule et se dérobe. Enfin la nuit tombe, le travail cesse et l'on s'aperçoit qu'on est là depuis six heures du matin, qu'on n'a rien mangé, qu'on a peu bu, et qu'on emporte avec soi, comme récompense d'un journée si bien employée, un violent mal de tête. N'importe, on recommencera le lendemain et les jours suivants, jusqu'à ce qu'on ait eu raison de tous les obstacles. Tel puits a quarante mètres de profondeur et l'on s'y glisse au bout d'un cable en fibres de palmier que les fellahs filent main par-dessus main et qui s'allonge visiblement sous le poids du corps. La plupart du temps la tombe a été violée dès l'antiquité, peut-être par ceux-là mêmes qui l'avaient taillée, mais le savant trouve encore son compte après le voleur ; si les bijoux et les objets de prix sont perdus, les inscriptions demeurent. C'est un texte qui nous rend un chapitre inédit du Rituel des funérailles, c'est une généalogie qui permet de classer des personnages dont la date était incertaine, c'est un panégyrique où le mort, pour mieux exalter ses vertus, nous raconte incidemment la chronique de deux ou trois règnes glorieux. Plus d'une fois, le hasard heureux d'un coup de pioche a fait jaillir du sol tout un siècle d'histoire.

Si jamais vous avez la curiosité d'examiner les livres dont nous nous servions dans les classes il y a trente ans, vous serez étonnés de voir le peu qu'on y enseignait de l'Égypte. Deux ou trois héros de romans, Khéops, Sésostris, Rhampsinite, y représentaient des lignées entières de Pharaons constructeurs ou conquérants ; les dieux s'y manifestaient sous un déguisement hellénique mal ajusté à leur taille, et une date de quinze cents années avant notre ère n'y était donnée qu'avec réserve, en signe d'antiquité presque fabuleuse. Nous n'en sommes plus là, Dieu merci. Les héros sont retombés dans la légende, les dynasties se sont reconstituées prince à prince, les dieux ont repris leur titre et leur physionomie d'origine, et les six mille ans qui nous séparent des rois enterrés dans les Pyramides ne font plus reculer personne d'épouvante ou d'incrédulité. N'allez pas croire pourtant que nous ayons épuisé la matière et qu'il ne nous reste rien à faire ou peu de chose. Le champ est si vaste, le nombre des ouvriers a été si restreint, que la partie de la moisson déjà rentrée ne compte guère à côté de ce qui demeure sur pied. Tout n'y est pas bon grain ; pour un récit d'histoire ou pour une page vraiment instructive, on rencontre des milliers de faits sans intérêt ou de déclamations insipides. Aussi bien faut-il savoir s'ennuyer sur l'ouvrage si l'on veut réussir. Beaucoup de documents paraissent vides ou fastidieux parce qu'on ne se force pas à les comprendre : quand on les étudie de près, le sens ressort peu à peu et l'intérêt se développe. Rien n'est plus aride qu'une généalogie hérissée de titres et de noms géographiques : les généalogies nous ont montré que l'Égypte avait une constitution féodale et que son territoire était partagé entre une vingtaine au moins de petits princes héréditaires, aussi turbulents et aussi redoutables aux Pharaons que les barons de France pouvaient l'être à leur suzerain. Les versions différentes d'une formule commune à toutes les inscriptions funéraires nous ont révélé par la comparaison l'idée singulière que les Égyptiens entretenaient de l'âme humaine, âme matérielle, qui vivait dans le tombeau, mangeait, buvait, jouait aux dames, allait prendre le frais sous les palmiers, au bord de l'eau, et mourait à l'occasion par la morsure d'une bête féroce ou par la piqûre d'un scorpion. C'est à force de patience que nous pénétrons chaque jour plus intimement dans la civilisation égyptienne, et par elle dans l'histoire des âges moyens de l'humanité. Car ce n'est plus seulement l'homme égyptien, l'homme d'un pays ou d'une race, c'est l'homme que nous entrevoyons derrière le rideau des hiéroglyphes. La pensée de l'Égypte la plus ancienne, c'est, avec des variantes, la pensée des autres peuples contemporains. Elle s'exerçait depuis longtemps déjà quand nous la saisissons pour la première fois sur les monuments. Elle ne s'efforçait déjà plus à chercher la raison de l'univers, à en comprendre l'existence, à en déterminer la figure, à définir les lois qui le régissent : elle avait pour tous les problèmes des solutions que des générations plus anciennes, celles que nous ne connaissons pas encore, avaient longuement élaborées pour elle. Ces solutions sont parfois d'une naïveté et d'une subtilité qui confond l'imagination ; mais nous n'avons pas le droit d'en rire et de les dédaigner. Elles sont tout ce qu'elles pouvaient être au moment où elles sont venues. Une colonne de soldats qui monte à l'assaut, les premiers rangs tombent dans le fossé : quand ils l'ont comblé, ceux qui ont eu la fortune de marcher derrière eux passent sur leurs corps et s'emparent de la ville. Redescendez dans le fossé jusqu'au point où sont ensevelis les Égyptiens sous les débris des peuples qui leur ont succédé, puis, relevant la tête, voyez à quelle hauteur notre génération est au-dessus des leurs, et ne vous étonnez plus de la grossièreté et de la faiblesse de leur esprit. Ils étaient parmi les premiers de l'avant-garde : ils n'ont pu s'élever plus haut qu'ils ne se sont élevés.

Je m'étais pourtant juré de ne vous parler que de vous-mêmes et de votre présent ; mais on vient de le faire en si bons termes que j'aurais mauvaise grâce à recommencer et peu de succès. Et puis, chacun de nous a ses inclinations qui sont plus fortes que toute volonté ; la mienne m'entraîne du côté de l'Orient. Chaque fois que j'ouvre la bouche en public, j'ai beau m'observer, deux minutes ne sont pas écoulées que déjà je suis en

Égypte, à trois mille ans d'ici. Une fois parti, mon esprit court, la phrase le suit, et peut-être n'en seriez-vous pas quittes à bon compte, si je ne m'étais rappelé à propos le temps où j'étais à votre place et où j'avais l'habitude de trouver toujours trop longs les discours de distribution de prix. Laissez-moi vous souhaiter d'heureuses vacances et venez recevoir les récompenses que vous avez méritées.

Paris. — Typ. A. PARENT, A. DAVY succ., Imp. de la Faculté de médecine,
52. rue Madame et rue Corneille. 3